EL LIBRO BUDISTA DE VAṄGĪSA, EL BOSQUE Y LOS ESPÍRITUS

EDITORIAL CÁNTICO
COLECCIÓN · LUZ DE ORIENTE

Colección dirigida por Raúl Alonso

cantico.es · @canticoed

Suscríbete a nuestro blog en

 @canticoed

© de la traducción:
Raúl Alonso y Manuel José Díaz Marqués, 2025
© de la introducción y notas: Raúl Alonso, 2025
© Editorial Almuzara S. L., 2025
Editorial Cántico
Parque Logístico de Córdoba
Carretera de Palma del Río, km. 4
14005 Córdoba
Imagen de cubierta: *Muerte final del Buda histórico*
(periodo Kamakura 1320-1340) por el artista Myōson,
conservada en el Museo Metropolitano de Nueva York

ISBN: 978-84-10288-48-5
Depósito legal: CO 43-2025

Impresión y encuadernación:
Gráficas La Paz

VAṄGĪSA THERA SAṂYUTTA,
VANA SAṂYUTTA Y YAKKHA SAṂYUTTA

EL LIBRO BUDISTA
DE VAṄGĪSA,
EL BOSQUE
Y LOS ESPÍRITUS

EDICIÓN, TRADUCCIÓN Y NOTAS DE
MANUEL JOSÉ DÍAZ Y RAÚL ALONSO

EDITORIAL CÁNTICO

COLECCIÓN ◯ LUZ DE ORIENTE

SOBRE LOS TRADUCTORES

MANUEL JOSÉ DÍAZ recibió enseñanzas e iniciaciones Vajrayana de importantes Lamas de las diferentes tradiciones de budismo tibetano como S.S. el XIV Dailai Lama, S.S. 41º Sakya Trichen, S.S. Trulshik Rimpoche, S.S. 12º Chamgon Kenting Tai Situpa, S.E. Namkha Drimed Rimpoche, Jigme Gyetrul Rimpoche, S.E. Sakya Jetsun Chimey Luding Rimpoche entre otros. En 2005 conoció a su principal maestro Chögyal Namkhai Norbu Rimpoche de quien recibío enseñanzas y transmisiónes Dzogchen hasta su parinirvana en 2018. Junto a su profunda formación budista, se ha formado en Rebirthing (Renacimiento) desde 1992 y ha sido organizador de la 1ª Formación en Respiración Holotrópica (GTT) con el Dr. Stanislav Grof. También ha desarrollado estudios de antropología relacionados con el chamanismo. Se formó en Chamanismo Transcultural con la "Fundación de Estudios Chamánicos" del Dr. Michael Harner. Organizó dos Giras Mundiales en Sevilla con Monjes Tibetanos: "Por un Milenio de Paz" en el 2000 y "Por la Paz Interior" en 2003. Imparte talleres y atiende consultas privadas.

RAÚL ALONSO es licenciado en Filosofía por la UNED, especializándose en Filosofía de las Religiones, budismo y gnosticismo antiguo. Es director de Editorial Cántico y forma parte del equipo editorial de la revista Vínculos de Historia, de la Universidad

Castilla-La Mancha. Es autor de la edición crítica y la traducción de diversos títulos de la tradición cristiana antigua y moderna de autores como Ramon Llull, San Juan de la Cruz, Santa Teresa de Jesús y textos gnósticos de la Biblioteca de Nag Hammadi como el *Evangelio de Felipe*, el *Evangelio de la Verdad*, el *Libro de Tomás el atleta* y *Las enseñanzas de Silvano*. También es autor de la traducción y edición crítica de diversos textos budistas del Canon Pali. Como poeta ha publicado los libros *La plaga* (2000), *Libro de las catástrofes* (2002), *El amor de Bodhisattwa* (2004), *Temporal de lo eterno* (2014) y *Lo que nunca te dije* (2018). Su poesía reunida ha sido publicada bajo el título *Juventud* (2022) y en este ámbito ha sido distinguido con diversos reconocimientos como el Accésit del Premio Nacional de Poesía Rosalía de Castro, el I Premio de Poesía Joven Radio 3 y el Premio Ciudad de Córdoba Ricardo Molina.

INTRODUCCIÓN

POR RAÚL ALONSO

La presente edición crítica ofrece por primera vez en español la traducción de tres colecciones (saṃyuttas) fundamentales del Canon Pali: el *Vaṅgīsa Saṃyutta*, el *Vana Saṃyutta* y el *Yakkha Saṃyutta*. Estos textos, que forman parte del *Sagatha Vagga* (*El Libro de los Versos*) del *Saṃyutta Nikāya*, nos proporcionan una visión privilegiada del budismo primitivo, sus prácticas contemplativas y su integración con el rico panorama religioso de la India antigua.

CONTEXTO HISTÓRICO

Los textos aquí traducidos se sitúan en el período formativo del budismo, aproximadamente entre los siglos V y IV a.C., en el noreste de la India. Esta era una época de profunda transformación social y religiosa, marcada por la urbanización, el surgimiento de nuevas formas de organización política y el cuestionamiento de la autoridad tradicional brahmánica. En este contexto, el budismo emergió como uno de varios movimientos de renovación espiritual que buscaban alternativas a los rituales védicos y las restricciones del sistema de castas.

El escenario geográfico de estos textos abarca principalmente los reinos de Magadha y Kosala, con referencias específicas a lugares como Sāvatthī, Rājagaha y Vesālī. Estas ciudades eran centros importantes de actividad comercial y cultural, donde el budismo encontró un terreno fértil para su desarrollo entre una población urbana cada vez más alfabetizada y cuestionadora de las tradiciones establecidas.

EL CANON PALI Y LOS SAṂYUTTAS

El Canon Pali, también conocido como Tipiṭaka (los "Tres Canastos"), representa la colección más antigua y completa de textos budistas que ha sobrevivido hasta nuestros días. Aunque fue puesto por escrito alrededor del siglo I a.c. en Sri Lanka, preserva material que se remonta a la época del Buda histórico y los primeros siglos del budismo.

Los tres saṃyuttas presentados en esta edición pertenecen al *Saṃyutta Nikāya*, una de las cinco colecciones principales de discursos (*sutta*) que conforman el *Sutta Piṭaka*. Su ubicación específica en el *Sagatha Vagga* indica su naturaleza poética y su importancia como ejemplos tempranos de la literatura budista en verso.

TEMAS Y CONCEPTOS FUNDAMENTALES

Cada uno de los tres saṃyuttas aborda aspectos distintos pero interrelacionados de la práctica y la doctrina budista primitiva:

El *Vaṅgīsa Saṃyutta* documenta el desarrollo espiritual del monje poeta Vaṅgīsa, ilustrando temas fundamentales como la lucha con los deseos sensuales (*kāmarāga*), la transformación del orgullo (*māna*) y la redirección de los talentos mundanos hacia fines espirituales. El texto demuestra cómo la práctica budista no suprime las capacidades individuales sino que las reorienta hacia la liberación.

El *Vana Saṃyutta* explora la práctica contemplativa en el entorno forestal, presentando la tensión entre el ideal de la soledad (*paviveka*) y las necesidades prácticas de la vida monástica. Los encuentros entre monjes y deidades del bosque ilustran la importancia de la atención plena (*sati*) y la vigilancia (*appamāda*) en la práctica espiritual.

El *Yakkha Saṃyutta* ofrece una ventana única a la interacción entre el budismo y las creencias populares de la India antigua. Los encuentros con los yakkhas demuestran la capacidad del budismo temprano para incorporar y transformar elementos de la religiosidad local dentro de su marco doctrinal.

INFLUENCIAS Y DIÁLOGO INTERRELIGIOSO

Estos textos revelan la compleja relación del budismo primitivo con las tradiciones religiosas contemporáneas. Por un lado, muestran una clara ruptura con aspectos del brahmanismo, particularmente en su rechazo del sistema de castas y los rituales sacrificiales. Por otro lado, demuestran la adaptación creativa de conceptos y prácticas existentes.

La cosmología que aparece en estos textos, con sus referencias a devas y yakkhas, refleja creencias compartidas con el hinduismo y el jainismo. Sin embargo, el budismo reinterpreta estas entidades dentro de su marco soteriológico: incluso los seres celestiales están sujetos al ciclo de renacimientos y necesitan las enseñanzas budistas para alcanzar la liberación.

ASPECTOS DOCTRINALES DESTACADOS

Varios conceptos doctrinales fundamentales del budismo primitivo se desarrollan a través de estos textos:

La naturaleza del sufrimiento (*dukkha*) y sus causas se exploran en profundidad, especialmente en los diálogos con los yakkhas. La enseñanza sobre los agregados (*khandhas*) y la ausencia de un yo permanente (*anattā*) se presenta de manera accesible pero profunda.

La importancia de la práctica gradual se ilustra vívidamente a través del desarrollo de Vaṅgīsa y otros practicantes. Los textos muestran cómo la fe inicial (*saddhā*) se desarrolla en comprensión experiencial a través de la práctica sostenida.

El papel de la comunidad (*sangha*) y la importancia de la guía espiritual se destacan en numerosos encuentros, mientras que simultáneamente se enfatiza la responsabilidad individual en el camino hacia la liberación.

RELEVANCIA CONTEMPORÁNEA: UNA LECTURA PARA EL SIGLO XXI

Los textos que componen esta colección, lejos de ser meros documentos históricos, ofrecen perspectivas sorprendentemente relevantes para los desafíos espirituales y existenciales del mundo contemporáneo. La experiencia de Vaṅgīsa, por ejemplo, resuena profundamente con la situación de muchas personas espirituales que buscan integrar sus talentos y capacidades profesionales con el desarrollo espiritual, con todas las dificultades y contradicciones que esto conlleva en el mundo actual.

La tensión que experimentan los monjes del bosque entre el ideal de la soledad y las demandas de la vida comunitaria refleja un dilema conocido en el ambiete social actual, en el que muchas personas se están planteando abandonar la estresante vida urbana y regresar al mundo rural, más en contacto con la naturaleza. Los suttas del Vana Saṃyutta ofrecen perspectivas valiosas sobre cómo navegar esta tensión, sugiriendo que la verdadera soledad es más un estado mental que una condición física.

Los encuentros con los yakkhas, aunque pertenecen a un marco cosmológico antiguo, pueden interpretarse de manera psicológicamente sofisticada. Estos seres pueden entenderse como representaciones de diferentes aspectos de la psique humana: los yakkhas hostiles como manifestaciones de la agresión y el miedo, las yakkhinis maternales como expresiones del cuidado y la protección. La transformación de estos seres a través del encuentro con el Dhamma ofrece un modelo para el trabajo con estados mentales difíciles en la vida interior de cada persona en el mundo de hoy.

Particularmente relevante para nuestra época es el énfasis que estos textos ponen en la importancia de la comunidad espiritual y el apoyo mutuo. En una era de creciente individualismo y aislamiento social, los suttas demuestran cómo la práctica espiritual auténtica florece en el contexto de relaciones significativas, tanto con maestros o personas que nos pueden inspirar, como con compañeros o personas con inquietudes espirituales y conscientivas afines.

La representación de las deidades del bosque como mentoras y guardianas de la práctica sugiere una forma de relacionarse con el entorno natural que resulta especialmente pertinente en nuestra época de crisis ecológica. Estos textos presentan una visión del mundo natural no como un recurso a explotar, sino como un entorno vivo que puede apoyar y guiar el desarrollo espiritual.

METODOLOGÍA Y CRITERIOS DE TRADUCCIÓN

La traducción de textos budistas antiguos presenta desafíos únicos que requieren un enfoque metodológico riguroso y criterios de traducción claramente definidos. En esta edición, se ha adoptado una metodología que busca equilibrar tres aspectos fundamentales: la fidelidad al texto original, la claridad para el lector contemporáneo y la preservación de la profundidad doctrinal.

El trabajo de traducción se ha basado en una comparación cuidadosa de las diferentes ediciones del Canon Pali, principalmente la edición del Sexto Concilio Buddhista (*Chaṭṭha Saṅgāyana*) y la edición de la Pali Text Society. Las variantes textuales significativas se han señalado en las notas, permitiendo al lector apreciar la complejidad de la transmisión textual.

Un aspecto crucial ha sido el tratamiento de los términos técnicos budistas. Se ha seguido un principio de traducción consistente: algunos términos clave como *dukkha*, *kamma*, o *nibbāna* se han mantenido en pali cuando su traducción podría resultar reductiva, mientras que otros se han traducido al español cuando existe un equivalente adecuado. Cada decisión de traducción se ha documentado en las notas, proporcionando el término original en pali junto con una discusión de sus connotaciones y su uso en el contexto budista más amplio.

La traducción de los versos ha presentado desafíos particulares. Si bien se ha priorizado la precisión doctrinal, también se ha buscado preservar las cualidades poéticas del original, manteniendo donde es posible las metáforas y figuras literarias que dan vida al texto. En el caso de los versos de Vaṅgīsa, reconocidos por su sofisticación literaria, se ha prestado especial atención a mantener el equilibrio entre forma y contenido.

Las notas y comentarios que acompañan la traducción cumplen múltiples funciones: proporcionan el contexto histórico y cultural necesario, clarifican referencias oscuras, explican conceptos doctrinales complejos y señalan conexiones intertextuales con otras partes del Canon Pali. En el aparato crítico se ha prestado especial atención a la terminología técnica relacionada con la meditación y los estados contemplativos. Términos como *samādhi, jhāna,* o *vipassanā* se han tratado con particular cuidado, reconociendo su importancia para la práctica budista contemporánea y la necesidad de precisión en su traducción.

ASPECTOS LITERARIOS Y POÉTICOS

Un aspecto notable de estos textos es su sofisticación literaria. Los versos atribuidos a Vaṅgīsa demuestran un dominio considerable de la técnica poética, mientras que los diálogos con los yakkhas combinan drama y profundidad doctrinal.

El uso de símiles e imágenes naturales, particularmente en el Vana Saṃyutta, refleja la íntima conexión entre la práctica contemplativa y el entorno natural. Las metáforas del fuego, recurrentes en estos textos, ilustran conceptos fundamentales como la extinción de las corrupciones mentales.

Esta edición crítica proporciona acceso directo a textos fundamentales del budismo primitivo, permitiendo una comprensión más profunda de sus enseñanzas originales y su contexto histórico. Las notas y comentarios críticos ayudan a clarificar términos técnicos y referencias culturales, haciendo estos textos accesibles tanto para especialistas como para lectores generales interesados.

La traducción mantiene un equilibrio entre la fidelidad al original pali y la legibilidad en español, preservando tanto el contenido doctrinal como la calidad poética de los textos. Estas antiguas escrituras sagradas no solo documentan la teoría y práctica budista temprana, sino que también ilustran la capacidad del budismo para integrar y transformar elementos de otras tradiciones mientras mantiene su distintivo enfoque en la liberación del sufrimiento. Su publicación en español, con un aparato crítico exhaustivo evitando la pesadez intelectual del academicismo, hace estas enseñanzas accesibles a un público más amplio, contribuyendo así al diálogo continuo entre el budismo y el mundo contemporáneo.

VAṄGĪSA THERA SAṂYUTTA

El *Vaṅgīsa Thera Saṃyutta* documenta el desarrollo espiritual y poético de Vaṅgīsa, considerado el poeta más destacado del budismo primitivo. Esta colección de doce suttas nos presenta un retrato íntimo y dinámico de un practicante que conjuga su don poético con las exigencias del camino espiritual budista.

La estructura de este Saṃyutta revela una progresión temática que podemos dividir en tres dimensiones fundamentales. En primer lugar, encontramos los suttas que abordan las luchas personales de Vaṅgīsa, particularmente con el deseo sensual y la vanidad (suttas 1-3). Estos textos son notablemente honestos en su descripción de las dificultades que enfrenta un monje novel, mostrando cómo la práctica budista no niega estas luchas sino que proporciona herramientas para trabajar con ellas. El cuarto sutta, que incluye un diálogo con Ānanda sobre el manejo del deseo sexual, sirve como puente hacia una nueva etapa.

La segunda dimensión comprende los suttas que muestran a Vaṅgīsa desarrollando una comprensión más profunda del Dhamma y utilizando su don poético para alabar las enseñanzas y a sus exponentes (suttas 5-8). Estos textos son particularmente significativos porque demuestran cómo las habilidades mundanas pueden ser redirigidas hacia propósitos espirituales. El quinto sutta, sobre el habla correcta, es especialmente relevante para un poeta, mientras que los suttas 6-8 muestran su capacidad para componer versos inspirados que celebran las cualidades de la Saṅgha.

La tercera dimensión, que abarca los últimos suttas (9-12), presenta a un Vaṅgīsa más maduro que utiliza su poesía para expresar profundas verdades doctrinales y celebrar los logros espirituales. El sutta final es particularmente significativo, pues documenta su alcance del despertar completo (*arahantship*), marcando la culminación de su desarrollo espiritual.

Conceptualmente, el Saṃyutta aborda varios temas centrales del budismo temprano: la lucha con los deseos sensuales (*kāmarāga*), el peligro del orgullo (*māna*), la importancia de la atención plena (*sati*), y la transformación de las tendencias mundanas en herramientas para el desarrollo espiritual. También ilustra vívidamente el concepto budista de refugio (*saraṇa*), mostrando cómo Vaṅgīsa encuentra orientación en el Buda, el Dhamma y la Saṅgha.

Lo que hace especialmente valioso este Saṃyutta es su demostración práctica de cómo las enseñanzas budistas pueden transformar la vida de un practicante. A través de la figura de Vaṅgīsa, vemos cómo alguien dotado de talentos mundanos puede redirigirlos hacia el desarrollo espiritual, sin negar sus luchas pero tampoco quedándose atrapado en ellas. Su poesía no solo sirve como vehículo para la enseñanza sino también como testimonio de la posibilidad de integrar plenamente la práctica espiritual con las capacidades individuales.

1

RENUNCIA

Así lo he oído. En un tiempo el Venerable Vaṅgīsa moraba cerca de Āḷavī, en el santuario del Árbol Aggālava, junto con su mentor, el Venerable Nigrodhakappa. Ahora bien, en ese momento Vaṅgīsa era un principiante, recién salido. Le habían dejado al cuidado de la morada. Entonces varias mujeres vestidas con todas sus galas fueron al monasterio de Aggālava con el fin de inspeccionar la morada. Cuando Vaṅgīsa las vio se sintió insatisfecho, con la lujuria infectando su mente. Entonces pensó:

«Es mi pérdida, mi desgracia,
que la insatisfacción me acabe por dominar,
con la lujuria infectando mi mente.
¿Cómo es posible que otra persona
pueda disipar mi descontento
y dar lugar a la satisfacción?
¿Por qué no lo hago yo mismo?»

Entonces, con motivo de disipar su propio descontento y dar lugar a la satisfacción, recitó estos versos:

«Ahora que he renunciado a la vida del hogar
por la vida errante sin hogar,
me asaltan los temerarios pensamientos del Oscuro.

Aunque mil poderosos príncipes y grandes arqueros,
bien entrenados, con fuertes arcos,
me rodearan por completo; nunca huiría.

E incluso si vinieran mujeres,
muchas más que eso,
no me asustarán,
pues me mantengo firme en la enseñanza.

Con mis propios oídos he oído esto del Buda,
pariente del Sol,
acerca del camino que lleva a la extinción:
eso es lo que entretiene mi mente.

Malvado, si te acercas a mí mientras vivo así,
me aseguraré de que tú, la Muerte,
ni siquiera veas el camino que recorro.»

2

INSATISFACCIÓN

En cierta ocasión, el Venerable Vaṅgīsa moraba cerca de Ālavī, en el santuario del Árbol Aggālava, junto con su mentor, el Venerable Nigrodhakappa. Ahora bien, en ese momento, después de que el Venerable Nigrodhakappa hubo terminado su comida, a su regreso de la ronda de limosnas, entró en su morada y no salió durante el resto de ese día, ni el siguiente. Y en ese momento el Venerable Vaṅgīsa se sintió insatisfecho, pues la lujuria infectaba su mente. Entonces pensó:

«Es mi pérdida, mi desgracia,
que me haya vuelto insatisfecho,
con la lujuria infectando mi mente.
¿Cómo es posible que otra persona
pueda disipar mi descontento
y dar lugar a la satisfacción?
¿Por qué no lo hago yo mismo?»

Entonces, con el propósito de disipar su propio descontento y dar lugar a la plenitud, recitó estos versos:

«Abandonando el descontento y el deseo,
junto con todos los pensamientos de la vida laica,

no hay que enredarse con nada.
Desenmarañarse, no desear:
ese es un verdadero monje.

Ya sea en esta tierra o en el cielo,
todo lo que en el mundo
está imbuido en la forma se desgasta:
todo es impermanente.
El sabio vive habiendo comprendido esta verdad.

Las personas están atadas a sus apegos,
a lo que se ve, se oye, se siente y se piensa.
No te agites, disipa el deseo por estas cosas;
pues uno llamado «sabio» no se aferra a ellas.

Apegada a los sesenta puntos de vista erróneos[1],
y llena de sus propias opiniones,
la gente ordinaria está fijada en principios equivocados.
Pero este monje no se uniría a un grupo sectario,
y menos aún pronunciaría un discurso lascivo.

---

1 Los "sesenta puntos de vista erróneos" (*ditthigata*) hacen referencia a las visiones erróneas sistematizadas en el *Brahmajala Sutta* (DN 1), donde se exponen sesenta y dos tipos de visiones falsas sobre el yo y el mundo. Se pueden categorizar en cinco grupos principales: (1) puntos de vista eternistas (*sassata-ditthi*) sobre la permanencia del yo, el alma y ciertas deidades; (2) puntos de vista aniquilacionistas (*uccheda-ditthi*) que niegan la existencia después de la muerte y la causalidad moral; (3) especulaciones sobre el origen (*pubbanta-kappika*) del universo y la existencia; (4) teorías sobre el futuro (*aparanta-kappika*) y el estado después de la muerte; y (5) concepciones erróneas sobre la naturaleza del yo (*atta-ditthi*) y su relación con el cuerpo y la conciencia. El verso utiliza el número redondo "sesenta" para enfatizar cómo las personas ordinarias quedan atrapadas en especulaciones metafísicas que el Buda consideraba como obstáculos para la liberación. Esta "red de puntos de vista" (*ditthijala*) representa la maraña conceptual que oscurece la verdad directa de la experiencia.

Inteligente, largamente entrenado en la inmersión,
libre de engaños, disciplinado, sin anhelos,
el sabio ha alcanzado el estado de paz;
y debido a las extinciones², espera su hora.»

---

2   El término "extinciones" (en pali: *nibbāna*, en sánscrito: *nirvāṇa*) en este contexto se refiere específicamente a la extinción de los diez grilletes o ataduras (*dasa
saṃyojana*) que mantienen a los seres en el ciclo de renacimientos: (1) la creencia
en un yo permanente, (2) la duda escéptica, (3) el apego a ritos y rituales, (4) el
deseo sensual, (5) la aversión, (6) el deseo por la existencia material sutil, (7) el
deseo por la existencia inmaterial, (8) la presunción, (9) la inquietud y (10) la
ignorancia. La extinción de todos los grilletes señala el logro del despertar completo (*arahant*).

3

DE BUEN CORAZÓN

En cierta ocasión, el Venerable Vaṅgīsa moraba cerca de Ālavī, en el santuario del árbol de Aggālava, junto con su mentor, el Venerable Nigrodhakappa. Ahora bien, en aquel tiempo el Venerable Vaṅgīsa menospreciaba a otros monjes de buen corazón a causa de su propio virtuosismo poético. Entonces pensó:

«Es mi pérdida, mi desgracia,
que menosprecie a otros monjes de buen corazón
a causa de mi virtuosismo poético.»

Entonces, con motivo de despertar conciencia en sí mismo, recitó estos versos:

«¡Renuncia al engreimiento, Gautama[3]!
¡Abandona por completo las diferentes clases de engreimiento!

---

3 "Gautama" aquí no se refiere al Buda, sino al propio Vaṅgīsa, quien también pertenecía al clan Gautama/Gotama. En los textos del Canon Pali es común que los monjes sean llamados por su nombre de clan. El contexto confirma esto, pues se trata de un verso donde Vaṅgīsa se está reprendiendo a sí mismo por su vanidad poética (*"¡Renuncia al engreimiento, Gautama! ¡Abandona por completo las diferentes clases de engreimiento!"*). El uso de la tercera persona para referirse a uno mismo es un recurso estilístico común en la poesía pali, especialmente en pasajes de auto-reflexión o auto-exhortación.

Fascinado por las diferentes formas de vanidad,
has tenido remordimientos durante mucho tiempo.

Manchados por las calumnias y asesinados por la vanidad,
los hombres caen en el infierno.
Cuando la gente asesinada por el engreimiento renace en el infierno,
se lamenta durante mucho tiempo.

Pero un monje que practica correctamente,
honrando el camino, nunca se aflige.
Goza de felicidad y buena reputación,
y le llaman con razón "Vidente de la Verdad".

Así que no seas duro de corazón, sé enérgico,
abandona los obstáculos y sé puro.
Entonces, con el engreimiento abandonado por completo,
usa el conocimiento para propiciar su fin, y logra la paz.»

4

CON ĀNANDA

En cierta ocasión el Venerable Ānanda se alojaba cerca de Sā-vatthī, en la Arboleda de Jeta, en el monasterio de Anāthapin-dika. Entonces el Venerable Ānanda se vistió por la mañana y, tomando su cuenco y su túnica, entró en Sāvatthī para pedir limosna con el Venerable Vaṅgīsa como su segundo monje. Y en ese momento el Venerable Vaṅgīsa se sintió insatisfecho, pues la lujuria infectó su mente. Entonces se dirigió a Ānanda en verso:

—*Tengo un ardiente deseo de placer:*
¡mi mente está en llamas!
Por favor, por compasión,
Gautama⁴, dime cómo apagar las llamas.

[Ānanda respondió:]

---

4 En este sutta, "Gautama" se refiere al Venerable Ānanda, quien también per-tenecía al clan Gautama/Gotama. El contexto lo clarifica, pues el texto indica que Vaṅgīsa se dirige directamente a Ānanda solicitando su ayuda: *"Por favor, por compasión, Gautama, dime cómo apagar las llamas"*. Es importante notar que en el Canon Pali, el apelativo "Gautama" puede referirse a diferentes monjes del mismo clan: al Buda mismo, a Ānanda (como en este caso), a Vaṅgīsa (como vimos en el sutta 3), o a otros monjes del clan Gautama/Gotama. El contexto específico de cada sutta determina a quién se refiere en cada ocasión.

—*Tu mente está ardiendo*
debido a una perversión de la percepción.
Evita fijarte en el aspecto atractivo de las cosas,
pues eso solo provoca lujuria.

Ve todos los fenómenos condicionados como otros,
como sufrimiento y no-ser.
Extingue el gran fuego de la lujuria,
no te quemes una y otra vez.

Medita en lo no atractivo, unificado, sereno;
con la atención inmersa en el cuerpo, llénate de desilusión.

Medita sobre lo carente de signo distintivo,
abandona la tendencia subyacente al engreimiento;
y cuando comprendas el engreimiento, vivirás en paz.

5

PALABRAS BIEN DICHAS

Una vez en Sāvatthī el Buda se dirigió a los monjes:

—¡*Oh monjes!*

—*Venerable Señor* —respondieron ellos.

El Buda dijo esto:

«*Oh monjes, el verbo que tiene cuatro factores está bien hablado, no está mal hablado. Es irreprochable y no es criticado por la gente sensata. ¿Cuáles son esos cuatro factores?: cuando un monje habla bien, no mal; habla sobre la enseñanza, no contra la enseñanza; habla agradablemente, no desagradablemente; y habla con la verdad, no con falsedad. Hablar con estos cuatro factores es hablar bien, no hablar mal. Es irreprochable y no es criticado por la gente sensata*[5].»

---

5 Los cuatro factores del verbo bien hablado (*subhāsita*) que el Buda enumera son: (1) hablar bien (no mal), es decir, con palabras beneficiosas; (2) hablar sobre la enseñanza (no contra ella), adhiriéndose al Dhamma; (3) hablar agradablemente (no desagradablemente), de manera que facilite la comunicación; y (4) hablar con la verdad (no con falsedad), siendo honestos. Esta formulación aparece también en otros textos del Canon Pali, notablemente en el *Subhāsita*

Esto es lo que dijo el Buda. Luego el Santo, el Maestro, continuó diciendo:

«*La gente buena dice que las palabras bien dichas son lo primero; segundo, habla sobre la enseñanza, no contra ella; tercero, habla agradablemente, no desagradablemente; y cuarto, habla con la verdad, no con falsedad.*»

Entonces el Venerable Vaṅgīsa se levantó de su asiento, se acomodó la túnica sobre un hombro, levantó las palmas de las manos unidas hacia el Buda y dijo:

—*¡Me siento inspirado para hablar, Bendito!*
¡Me siento inspirado para hablar, Santo!»

—*Entonces habla según te sientas inspirado* —dijo el Buda.

Entonces Vaṅgīsa ensalzó al Buda en su presencia con versos apropiados:

«*Habla sólo aquellas palabras que no te dañen a ti mismo*
ni dañen a los demás;
tales palabras son verdaderamente bien dichas.

Habla sólo palabras agradables,
palabras que sean bien recibidas.
Las palabras agradables son aquellas
que no traen nada malo a los demás.

Sutta (SN 8.5) y el *Vācā Sutta* (AN 4.73), donde se elabora más extensamente sobre estos cuatro aspectos del "recto hablar" (*sammā vācā*), uno de los factores del Noble Óctuple Sendero.

La verdad misma es la palabra imperecedera:
este es un principio antiguo.
La gente buena dice que la enseñanza y su significado
se basan en la verdad.

Las palabras pronunciadas por el Buda
para realizar el santuario, la extinción,
para poner fin al sufrimiento:
ésta es realmente la mejor clase de palabra.»

6

CON SĀRIPUTTA

En cierta ocasión el Venerable Sāriputta se alojaba cerca de Sā-vatthī, en la Arboleda de Jeta, en el monasterio de Anātha-pindika. Ahora bien, en ese momento, el Venerable Sāriputta estaba educando, animando, encendiendo e inspirando a los monjes en la sala de asambleas con una charla sobre el Dhamma. Sus palabras eran pulidas, claras, articuladas y expresaban su significado. Y los monjes prestaban atención, se concentraban de todo corazón y escuchaban bien. Entonces el Venerable Vaṅgīsa pensó:

«Este Venerable Sāriputta está educando a los monjes.
Y esos monjes están prestando atención, centrándose,
concentrándose de todo corazón y escuchando bien.
¿Por qué no lo ensalzo en su presencia con versos apropiados?»

Entonces el Venerable Vaṅgīsa se levantó de su asiento, se aco-modó la túnica sobre un hombro, levantó sus palmas unidas hacia Sāriputta y dijo:

—*¡Me siento inspirado para hablar, reverendo Sāriputta!*
¡Me siento inspirado para hablar, reverendo Sāriputta!

—*Entonces habla según te sientas inspirado* —dijo Sāriputta.

Entonces Vaṅgīsa ensalzó a Sāriputta en su presencia con versos apropiados:

«Profundo en sabiduría, inteligente,
experto en la variedad de caminos;
Sāriputta, tan grandemente sabio,
enseña el Dhamma a los monjes.

Hay Sabiduría en su enseñanza
ya sea breve o de palabra extensa.
Su llamada es como la de un pájaro myna[6],
rebosando inspiración.

Mientras enseña los monjes escuchan su dulce voz,
que suena atractiva,
clara y graciosa. Ellos escuchan con alegría,
con el corazón elevado.»

---

6 El myna (Acridotheres tristis, también conocido como miná o mayna) es un pájaro de la familia de los estorninos, nativo del sur de Asia. Es conocido por su capacidad de imitar sonidos y por su voz melodiosa y clara. En este verso, la comparación de la voz de Sāriputta con el canto del myna (*"Su llamada es como la de un pájaro myna"*) es un símil que sugiere una voz clara, penetrante y agradable, cualidades valoradas en la transmisión del Dhamma. Los mynas eran pájaros muy familiares para la audiencia india de la época y aparecen frecuentemente en la literatura budista como símbolos de elocuencia y claridad en la comunicación.

7

LA INVITACIÓN A AMONESTAR

En cierta ocasión, el Buda moraba cerca de Sāvatthī, en el Monasterio Oriental, la casa larga sobre pilotes de la madre de Migāra, junto con una gran Saṅgha de unos quinientos monjes, todos ellos perfeccionados. Ahora bien, en aquel momento era sábado –la luna llena del decimoquinto día– y el Bienaventurado estaba sentado al aire libre rodeado por la Saṅgha de monjes para la invitación a amonestar. Entonces el Buda miró alrededor de la Saṅgha de monjes, que estaban muy callados. Se dirigió a ellos:

—*Venid ahora, monjes, os invito a todos: ¿Hay algo que yo haya hecho de cuerpo o de palabra que queráis criticar?*

Cuando hubo hablado, el Venerable Sāriputta se levantó de su asiento, se acomodó la túnica sobre un hombro, levantó sus palmas unidas hacia el Buda y dijo:

—*No hay nada, Señor,*
que usted haya hecho
por medio del cuerpo o del verbo
que nosotros criticaríamos.
Porque el Bendito
es quien dio origen al camino que no había surgido,

quien dio nacimiento al camino nonato,
quien explicó el camino inexplicado.
Él es el conocedor del camino,
el descubridor del camino,
el experto en el camino.
Y ahora los discípulos viven siguiendo el camino;
y lo adquirirán más tarde.
Señor, invito al Bendito:
¿Hay algo que yo haya hecho
por medio del cuerpo o de palabra
que usted criticaría?

[El Buda respondió:]

—No hay nada, Sāriputta,
que hayas hecho por medio del cuerpo o de palabra
que yo criticaría.
Sāriputta, eres astuto.
Tienes una gran sabiduría,
una sabiduría generalizada,
una sabiduría risueña,
una sabiduría rápida,
una sabiduría aguda,
una sabiduría penetrante.

El hijo mayor de un monarca
gira la rueda sigue ejerciendo con acierto
el poder puesto en marcha por su padre.

De la misma manera, Sāriputta
manten correctamente girando
la Rueda suprema del Dhamma
que fue rodada por mí.

[Sāriputta siguió preguntando:]

—*Ya que parece que no he hecho nada
digno de la crítica del Bendito,
¿hay algo que estos quinientos monjes hayan hecho
por medio del cuerpo o de palabra
que usted criticaría?*

[El Buda respondió:]

—*No hay nada, Sāriputta,
que estos quinientos monjes hayan hecho
mediante el cuerpo o de palabra que yo criticaría.
Pues de estos quinientos monjes,
sesenta tienen los tres conocimientos,
sesenta tienen los seis conocimientos directos,
sesenta están liberados en ambos sentidos,
y el resto están liberados por la sabiduría.*[7]»

Entonces el Venerable Vaṅgīsa se levantó de su asiento, se acomodó la túnica sobre un hombro, levantó las palmas unidas hacia el Buda y dijo:

---

7 Los "tres conocimientos" (*tevijjā*) son: (1) el recuerdo de vidas pasadas (*pubbenivāsānussati-ñāṇa*), (2) la comprensión del renacimiento de los seres según su kamma (*cutūpapāta-ñāṇa*), y (3) la comprensión de la destrucción de las corrupciones mentales (*āsavakkhaya-ñāṇa*). Los "seis conocimientos directos" (*chaḷabhiññā*) incluyen estos tres más: (4) poderes psíquicos (*iddhividha*), (5) oído divino (*dibbasota*), y (6) capacidad de leer las mentes de otros (*cetopariya-ñāṇa*). La mención de que "sesenta monjes tienen los tres conocimientos, sesenta tienen los seis conocimientos directos" indica diferentes niveles de realización espiritual entre los discípulos del Buda. La expresión "liberados en ambos sentidos" (*ubhatobhāgavimutta*) se refiere a quienes han alcanzado tanto la liberación a través de la sabiduría como a través de la absorción meditativa profunda (consciencia jhāna).

—*¡Me siento inspirado para hablar, Bendito!*
¡Me siento inspirado para hablar, Santo!

—*Entonces habla según te sientas inspirado* —dijo el Buda.

Entonces Vaṅgīsa ensalzó al Buda en su presencia con versos apropiados:

«*Hoy, en el decimoquinto día uposatha*[8],
quinientos monjes se han reunido para purificar sus preceptos.
Estos sabios sin problemas han cortado sus grilletes y ataduras,
y no volverán a renacer en ningún estado de existencia.

Así como un monarca que hace girar la rueda,
rodeado de ministros,
viaja por toda esta tierra circundada por el mar.
Así los discípulos con los tres conocimientos,
destructores de la muerte,
veneran al vencedor de la batalla,
al insuperable jefe de la caravana.

Todos son hijos del Bendito, aquí no hay deshecho.
Me inclino ante el Pariente del Sol,
destructor del dardo del ansia.»

---

8 El *uposatha* (literalmente "día de ayuno") es un día de observancia religiosa en el calendario lunar budista, dedicado a la práctica espiritual intensiva. El "decimoquinto día" se refiere específicamente al día de luna llena, uno de los cuatro días uposatha principales del mes lunar. En estos días, los monjes se reúnen para recitar el Pātimokkha (código de disciplina monástica) y los laicos tradicionalmente observan los ocho preceptos, dedican más tiempo a la meditación y escuchan enseñanzas del Dhamma. En este sutta, la mención del "decimoquinto día uposatha" indica una ocasión ceremonial especialmente significativa, pues coincide con la purificación ritual de los preceptos monásticos (*pātimokkhuddesa*) y una asamblea importante de la Saṅgha.

8

MÁS DE MIL

En cierta ocasión, el Buda moraba cerca de Sāvatthī, en la Arboleda de Jeta, en el monasterio de Anāthapindika, junto con una gran Saṅgha de 1.250 monjes. Ahora bien, en ese momento el Bienaventurado estaba educando, animando, encendiendo e inspirando a los monjes con una enseñanza del Dhamma sobre la extinción. Y esos monjes estaban prestando atención, centrándose, concentrándose de todo corazón y escuchando bien. Entonces el Venerable Vaṅgīsa pensó:

«El Buda está educando, animando, encendiendo e inspirando a los monjes con una enseñanza del Dhamma sobre la extinción. Y los monjes están prestando atención, centrándose, concentrándose de todo corazón y escuchando bien. ¿Por qué no lo ensalzo en su presencia con versos apropiados?»

Entonces el Venerable Vaṅgīsa se levantó de su asiento, se acomodó la túnica sobre un hombro, levantó las palmas unidas hacia el Buda y dijo:

—*¡Me siento inspirado para hablar, Bendito!*
¡Me siento inspirado para hablar, Santo!

—*Entonces habla según te sientas inspirado* —dijo el Buda.

Entonces Vaṅgīsa ensalzó al Buda en su presencia con versos apropiados:

«Más de mil monjes veneran al Santo
mientras enseña el Dhamma inmaculado sobre la extinción,
sin temer nada de ninguna parte.

Escuchan el Dhamma inmaculado
enseñado por el Buda plenamente despierto;
el Victorioso es tan brillante,
sentado ante los monjes monjes de la Saṅgha.

Bendito, tu nombre es 'Gigante', séptimo de los sabios.
Eres como una gran nube que llueve sobre tus discípulos.

He salido de mi día de meditación, por el deseo de ver al maestro.
Gran héroe, tu discípulo Vaṅgīsa se inclina a tus pies.»

[El Buda le pregunto:]

—*Vaṅgīsa, ¿habías compuesto previamente estos versos,*
o se te ocurrieron espontáneamente en el momento?

[Vaṅgīsa respondió:]

—*Se me ocurrieron espontáneamente en el momento, Señor.*

[El Buda le animó:]

—*Pues bien, Vaṅgīsa, di otros versos de inspiración espontánea.*

—*Sí, Señor* —respondió Vaṅgīsa.

Entonces ensalzó al Buda con algunos versos más de inspiración espontánea, no compuestos previamente:

«Habiendo superado el tortuoso camino de Māra,
vagas con el corazón duro disuelto. Míralo a él,
el liberador de cadenas, sin ataduras,
analizando la Enseñanza.

Él ha explicado de muchas maneras
el camino para cruzar el diluvio.
Los videntes del Dhamma permanecen inquebrantables
en lo inmortal que ha expuesto.

El portador de luz que ha traspasado la verdad:
has visto lo que hay más allá
de todos los estados de renacimiento.
Cuando viste y comprendiste esto por ti mismo,
lo enseñaste primero al grupo de los cinco[9].

Cuando el Dhamma ha sido tan bien enseñado,
¿cómo podrían ser negligentes aquellos que lo entienden?
Así que, siendo diligentes,
debemos siempre entrenarnos respetuosamente
en las enseñanzas de Buda.»

---

9 El "grupo de los cinco" (*pañcavaggiyā*) se refiere a los primeros cinco discípulos del Buda: Koṇḍañña, Bhaddiya, Vappa, Mahānāma y Assaji. Estos cinco ascetas habían practicado austeridades junto al futuro Buda antes de su iluminación y, aunque inicialmente lo abandonaron cuando renunció a las prácticas extremas, posteriormente se convirtieron en sus primeros discípulos al escuchar su primer sermón, el *Dhammacakkappavattana Sutta* (*El Discurso de la Puesta en Movimiento de la Rueda del Dharma*) en el Parque de los Ciervos en Sarnath. Koṇḍañña fue el primero en comprender la enseñanza, convirtiéndose así en el primer arahant después del Buda.

9

CON KOṆḌAÑÑA

En cierta ocasión, el Buda moraba cerca de Rājagaha, en la Arboleda de Bambú, lugar de alimentación de las ardillas. Entonces el Venerable Koṇḍañña el Que Entiende se acercó al Buda después de una muy larga ausencia. Se inclinó con la cabeza a los pies del Bienaventurado, acariciándolos, cubriéndolos de besos y pronunciando su nombre:

—*¡Soy Koṇḍañña, Bendito!*
¡Yo soy Koṇḍañña, Santo!

Entonces el Venerable Vaṅgīsa pensó:

«Este Venerable Koṇḍañña el Que Entiende
se ha acercado al Buda después de una muy larga ausencia.
Se ha inclinado con la cabeza a los pies del Buda,
acariciándolos, cubriéndolos de besos,
y pronunciando su nombre:
"¡Soy Koṇḍañña, Bendito!
¡Yo soy Koṇḍañña, Santo!"
¿Por qué no lo ensalzo en presencia de Buda
con versos apropiados?»

Entonces el Venerable Vaṅgīsa se levantó de su asiento, se acomodó la túnica sobre un hombro, levantó las palmas unidas hacia el Buda y dijo:

—*¡Me siento inspirado para hablar, Bendito!*
¡Me siento inspirado para hablar, Santo!

—*Entonces habla según te sientas inspirado* —dijo el Buda.

Entonces Vaṅgīsa ensalzó a Koṇḍañña en presencia del Victorioso con versos apropiados:

«*El monje superior que despertó después del Buda,*
Koṇḍañña, es muy enérgico.
Obtiene regularmente estados meditativos dichosos,
y las tres clases de reclusión[10].

Todo lo que puede ser alcanzado
por un discípulo que cumple las órdenes del Maestro,
lo ha logrado al completo,
a través de su diligente entrenamiento.

Con gran poder y los tres conocimientos,
experto en comprender las mentes de los demás,
Koṇḍañña, el heredero del Buda,
se inclina a los pies del maestro.»

---

10 Las "tres clases de reclusión" (*tividha-viveka*) son: (1) *kāya-viveka*, reclusión física o aislamiento corporal del bullicio mundano; (2) *citta-viveka*, reclusión mental o aislamiento de los pensamientos y estados mentales negativos; y (3) *upadhi-viveka*, reclusión de las bases de la existencia o liberación completa de todos los apegos y corrupciones mentales, equivalente al *nibbāna*. Estas tres formas de reclusión representan niveles progresivamente más profundos de apartamiento de lo mundano, desde el retiro físico hasta la liberación final. En el sutta, la mención de que Koṇḍañña "obtiene regularmente estados meditativos dichosos, y las tres clases de reclusión" indica su logro del más alto nivel de realización espiritual.

10

CON MOGGALLĀNA

En cierta ocasión, el Buda moraba en las laderas de Isigili, en la Roca Negra, junto con una gran Saṅgha de unos quinientos monjes, todos ellos perfeccionados. A continuación, con su mente, el Venerable Mahāmoggallāna buscó sus mentes liberadas y libres de apegos. Entonces el Venerable Vaṅgīsa pensó:

«El Buda se está quedando en las laderas de Isigili... con quinientos perfeccionados. Mahāmoggallāna está buscando sus mentes liberadas y libres de apegos. ¿Por qué no lo ensalzo en presencia del Buda con versos apropiados?»

Entonces el Venerable Vaṅgīsa se levantó de su asiento, se acomodó la túnica sobre un hombro, levantó las palmas unidas hacia el Buda y dijo:

—*¡Me siento inspirado para hablar, Bendito!*
¡Me siento inspirado para hablar, Santo!

—*Entonces habla según te sientas inspirado* —dijo el Buda.

Entonces Vaṅgīsa ensalzó a Mahāmoggallāna en su presencia con versos apropiados:

«*Como un sabio que ha ido más allá del sufrimiento
se sienta en la ladera de la montaña,
es venerado por los discípulos con los tres conocimientos,
destructores de la muerte.*

*Moggallāna, de gran poder psíquico, comprende sus mentes,
escudriñándolas con su propia mente, liberadas, sin apegos.*

*Así veneran a Gautama, el sabio más allá del sufrimiento,
que está dotado de todos los factores del camino,
y de multitud de atributos.*»

11

EN GAGGARĀ

En cierta ocasión, el Buda moraba cerca de Campā, a orillas del estanque del loto de Gaggarā, junto con una gran Sańgha de unos quinientos monjes, setecientos seguidores laicos masculinos y setecientos femeninos, y muchas miles de deidades. Pero el Buda los eclipsaba a todos en belleza y gloria. Entonces el venerable Vańgīsa pensó:

«El Buda mora cerca de Campā, a orillas del estanque del loto de Gaggarā,
junto con una gran Sańgha de unos quinientos monjes, setecientos seguidores laicos masculinos y setecientos femeninos, y muchas miles de deidades. Y él los eclipsa a todos en belleza y gloria. ¿Por qué no lo ensalzo en su presencia con versos apropiados?»

Entonces el Venerable Vańgīsa se levantó de su asiento, se acomodó la túnica sobre un hombro, levantó las palmas con las manos unidas hacia el Buda y dijo:

—¡Me siento inspirado para hablar, Bendito!
¡Me siento inspirado para hablar, Santo!

—*Entonces habla según te sientas inspirado* —dijo el Buda.

Entonces Vaṅgīsa ensalzó al Buda en su presencia con versos apropiados:

«Como la luna en una noche sin nubes,
como el resplandeciente sol brillante,
así también Aṅgīrasa, oh gran sabio,
tu gloria eclipsa al mundo entero.»

12

CON VAṄGĪSA

En cierta ocasión el Venerable Vaṅgīsa se alojaba cerca de Sāvatthī, en la Arboleda de Jeta, en el monasterio de Anāthapindika. En aquel tiempo Vaṅgīsa había alcanzado recientemente la perfección. Mientras experimentaba la dicha de la libertad, en aquella ocasión recitó estos versos:

«Solíamos vagar, ebrios de poesía,
de pueblo en pueblo,
de ciudad en ciudad.
Entonces vimos al Buda,
y surgió en nosotros la fe.

Él me enseñó el Dhamma:
los agregados[11]*, los campos de los sentidos y los elementos.*

---

11 Los "agregados" (pali: *khandha*, sánscrito: *skandha*) son las cinco categorías o grupos en que el budismo analiza la experiencia humana: (1) forma o materialidad (*rūpa*), que incluye el cuerpo físico y los objetos materiales; (2) sensación (*vedanā*), las experiencias agradables, desagradables o neutras; (3) percepción (*saññā*), el reconocimiento y etiquetado de las experiencias; (4) formaciones mentales (*saṅkhāra*), que incluyen voliciones, emociones y otros estados mentales; y (5) conciencia (*viññāṇa*), el conocimiento sensorial y mental. Según la enseñanza budista, lo que consideramos un "yo" es en realidad solo la interacción dinámica de estos cinco agregados, que son impermanentes (*anicca*), insatisfactorios (*dukkha*) y carentes de un yo esencial (*anattā*).

Cuando escuché sus enseñanzas
me encaminé a la vida sin hogar en su presencia.

Ha sido verdaderamente para beneficio de muchos
que el sabio ha alcanzado el despertar
para los monjes y para las monjas
que comprenden que han alcanzado la certeza.

Fue muy grato para mí estar en presencia del Buda.
He alcanzado los tres conocimientos,
he hecho lo que Buda enseñó.

Conozco mis vidas pasadas,
mi clarividencia está purificada,
tengo los tres conocimientos y el poder psíquico,
y soy experto en la comprensión de las mentes de los demás.»

LOS DISCURSOS ENLAZADOS
DE VAṄGĪSA HAN CONCLUIDO

VANA SAMYUTTA

El *Vana Saṃyutta* presenta una colección de 14 suttas que exploran la dinámica entre los monjes que practican en soledad y las deidades (*devas*) que habitan los bosques. Esta colección es particularmente significativa porque ilustra un aspecto importante del budismo temprano: la interacción entre el mundo humano y el mundo espiritual en el contexto de la práctica contemplativa.

La estructura temática del Saṃyutta se puede organizar en tres dimensiones principales. La primera aborda los desafíos básicos de la vida en el bosque, especialmente la lucha con los pensamientos mundanos y los deseos sensuales (suttas 1-3). Estos textos presentan un patrón recurrente donde una deidad del bosque observa a un monje que se ha desviado de su práctica y le ofrece una exhortación en forma de versos.

La segunda dimensión (suttas 4-8) se centra en los aspectos sociales y comunitarios de la vida monástica, incluyendo la tensión entre el aislamiento y la interacción con la comunidad laica. Estos suttas abordan temas como el apego a las familias patrocinadoras, la nostalgia por los compañeros monjes ausentes y el equilibrio entre la soledad y el compromiso social.

La tercera dimensión (suttas 9-14) explora aspectos más sutiles de la práctica, como el manejo de las distracciones externas, la importancia de la recitación de textos y la conducta ética refinada. El sutta final, sobre el "ladrón de aromas", es particularmente notable por su discusión sobre la sutileza de la conducta ética.

Conceptualmente, el Vana Saṃyutta desarrolla varios temas centrales:

1. La tensión entre el ideal de la soledad (*paviveka*) y las necesidades prácticas de la vida monástica

2. El papel de las deidades como guardianes y mentores espirituales

3. La importancia de la atención plena (*sati*) y la vigilancia (*appamāda*)

4. La naturaleza de la disciplina monástica y sus sutilezas

5. La relación entre la práctica formal y la vida cotidiana

Lo que hace especialmente valioso este Saṃyutta es su presentación de las deidades del bosque como figuras que combinan la compasión con la crítica constructiva. No son presentadas como seres omniscientes o perfectos, sino como compañeros en el camino espiritual que pueden ofrecer perspectivas útiles desde su posición única.

También es notable cómo estos suttas revelan la complejidad de la vida contemplativa en el bosque, mostrando que incluso en el aparente aislamiento, los practicantes deben navegar por una red de relaciones y responsabilidades. La colección sugiere que el verdadero desafío no es tanto el aislamiento físico como el cultivo de un estado mental equilibrado y atento en medio de las diversas circunstancias de la vida.

1

RECLUSIÓN

Así lo he oído. En cierta ocasión, uno de los monjes moraba en la tierra de los kosalanos[12], en uno de sus bosques. En ese momento, el monje, durante su meditación del día, tenía pensamientos malos y poco hábiles relacionados con la vida laica. La deidad que rondaba el bosque se compadeció de aquel monje y quiso lo mejor para él. Así que se acercó a aquel monje queriendo conmoverle, y se dirigió a él en verso:

---

12 Kosala (en pali y sánscrito) era uno de los principales reinos (*mahājanapada*) de la India antigua durante la época del Buda, situado en lo que hoy es el estado de Uttar Pradesh. Su capital era Sāvatthī (actual Sravasti). En tiempos del Buda, el reino de Kosala estaba gobernado por el rey Pasenadi, quien mantuvo una estrecha y duradera amistad con el Buda, convirtiéndose en uno de sus principales seguidores laicos. Sus conversaciones y encuentros están documentados en el *Kosala Saṃyutta*, una colección de 25 suttas que forma parte del Saṃyutta Nikāya (editado en español dentro de esta misma serie con el título *El libro budista del Rey de Kosala* (Cántico, 2024). Este texto es particularmente valioso porque muestra cómo el Buda aplicaba sus enseñanzas a asuntos de gobierno, justicia y ética social, además de revelar la evolución espiritual del rey, desde gobernante pragmático hasta practicante budista comprometido. Kosala era, junto con Magadha, uno de los dos reinos más poderosos del norte de la India. Muchos de los discursos del Buda tuvieron lugar en territorio kosalano, especialmente en Sāvatthī, donde se encontraba el monasterio de Jetavana, una de las principales residencias del Buda y su Sangha. La referencia a "la tierra de los kosalanos" (*Kosalesu*) es común en los textos budistas para indicar esta región geográfica.

Entraste en el bosque deseando reclusión,
y sin embargo tu mente divaga en cosas externas.
Como persona, deberías disipar el deseo entre la gente.
Entonces serás feliz, libre de codicia.

Consciente, abandona el descontento;
déjanos recordarte el camino del bien.
El abismo polvoriento es tan difícil de cruzar;
no dejes que el polvo sensual te arrastre.

Al igual que un pájaro cubierto de suciedad
se deshace de ese polvo pegajoso con una sacudida;
así también, un monje enérgico y consciente
se deshace de ese polvo pegajoso con una sacudida.

Alertado por aquella deidad, aquel monje volvió en sí.

2

LEVANTARSE

En cierta ocasión, uno de los monjes moraba en la tierra de los kosalanos, en uno de sus bosques. En aquella ocasión, aquel monje se quedó dormido durante la meditación del día. Las deidades que habitaban el bosque sintieron compasión por el monje y querían lo mejor para él. Así que se acercaron a ese monje con la intención de despertarlo, y se dirigieron a él en verso:

¡Reponte, monje! ¿Por qué te acuestas?
¿Qué sentido tiene que duermas?
¿Qué sueño puede haber para los afligidos,
los heridos, los atravesados por una flecha?

Deberías amplificar la fe que te llevó a salir
de la vida hogareña a la vida sin hogar.
No caigas bajo el influjo del sopor.

[El monje respondió:]

Los placeres sensuales son impermanentes e inestables,
pero los idiotas siguen cayendo en ellos.
Cuando uno está libre y sin ataduras:
¿por qué temería a su renuncia?

Al eliminar el deseo y la codicia,
al ir más allá de la ignorancia,
el conocimiento ha sido perfectamente purificado:
¿por qué temería a su renuncia?

Al romper la ignorancia con el conocimiento,
al acabar con las impurezas,
sin pena, sin estrés:
¿por qué temería a su renuncia?

Enérgico, resuelto, siempre fuerte en el esfuerzo,
aspirando a la extinción[13]:
¿por qué temería a su renuncia?

---

13   En esta traducción se ha optado por traducir "nibbāna" (sánscrito: "nirvāṇa") como "extinción" para mantener el sentido literal y la fuerza metafórica del término original. "Nibbāna" deriva de la raíz verbal "nir-√vā", que significa literalmente "apagarse" o "extinguirse", como cuando se extingue una llama. Esta traducción preserva la imagen central de la doctrina budista: así como una llama se extingue cuando se agota su combustible, la liberación se alcanza cuando se extinguen las "llamas" del deseo, el odio y la ignorancia. Aunque "nirvana" es un término ampliamente conocido y a menudo se deja sin traducir, "extinción" captura mejor el dinamismo del concepto original y evita las connotaciones exóticas o mistificadoras que el término ha adquirido en Occidente. Además, esta traducción se alinea con el uso metafórico del fuego que aparece frecuentemente en los textos budistas tempranos, donde las corrupciones mentales son comparadas con llamas que deben ser extinguidas.

3

CON KASSAPAGOTTA

En cierta ocasión, el Venerable Kassapagotta se encontraba en la tierra de los Kosalan, en un bosquecillo. En ese momento, el Venerable Kassapagotta, habiéndose retirado para su meditación del día, trató de aconsejar a un cazador tribal. Entonces la deidad que moraba aquel bosque se acercó a Kassapagotta con la intención de inspirarle, y recitó estos versos:

Un cazador tribal que vaga por las escarpadas colinas,
es poco inteligente, irreflexivo.
Es una pérdida de tiempo aconsejarle.
El necio no capta el significado.

El cazador tribal escucha y no comprende,
mira y no ve.
Aunque se hable de la enseñanza,
el necio no la entiende.

Aunque encendieras diez lámparas
y se las trajeras, Kassapa, él no vería nada,
porque no tiene ojos para ver.

Conmovido por aquella deidad, el venerable Kassapagotta volvió en sí.

4

VARIOS MONJES SALEN A VAGAR

En cierta ocasión, varios monjes moraban en la tierra de los kosalanos, en uno de sus bosques. Entonces, tras completar los tres meses de residencia en la estación de las lluvias, esos monjes se pusieron a vagar como nómadas. Al no verles, la deidad que moraba aquel bosque lloró, y recitó este verso:

Viendo tantos asientos desocupados hoy,
me parece que deben haberse vuelto insatisfechos.
¡Eran tan eruditos, tan brillantes oradores!
¿Adónde se han ido estos discípulos de Gautama?

Cuando hubo hablado, otra deidad respondió con este verso:

Se han ido a Magadha, se han ido a Kosala,
y algunos están en las tierras de Vajjian.
Como ciervos que vagan libres de ataduras,
los monjes viven sin morada.

5

CON ĀNANDA

En cierta época, el Venerable Ānanda moraba en la tierra de los kosalanos, en uno de sus bosques. En ese momento Ānanda pasaba demasiado tiempo dando orientación a los laicos. Entonces una joven deidad que moraba aquel bosque tuvo compasión por Ānanda, queriendo lo mejor para él. Así que se le acercó procurando su comprensión, y le recitó estos versos:

Te has ido a la selva,
al pie de un árbol,
con la extinción (nibbana) en tu corazón.
Como un ciervo que vaga libre de ataduras,
el monje vive sin una morada

Alertado por aquella deidad, el venerable Ānanda volvió en sí.

6

CON ANURUDDHA

En cierta ocasión, el Venerable Anuruddha se encontraba en la tierra de los Kosalan, en uno de sus bosques. Entonces cierta deidad de la compañía de los Treinta y Tres[14], llamada Jalini había sido compañera de Anuruddha en una vida anterior. Ella se acercó a Anuruddha, y recitó estos versos:

Pon tu corazón allí, donde solías vivir;
entre los dioses de los Treinta y Tres, ¡cuyos deseos se cumplen!
A la cabeza de un séquito de doncellas divinas, ¡brillarás!

[Anuruddha respondió:]

---

14 Los Treinta y Tres (*Tāvatiṃsa*) constituyen un reino celestial en la cosmología budista, gobernado por Sakka (Indra en la tradición védica). Según la tradición, este reino debe su nombre a treinta y tres devas (deidades) que renacieron allí como recompensa por sus buenas acciones realizadas en común durante sus vidas humanas. Es uno de los seis reinos celestiales del mundo del deseo (*kāmaloka*) y se encuentra en la cima del Monte Meru, el axis mundi de la cosmología budista. A pesar de su felicidad y longevidad, los seres que habitan este reino están todavía sujetos al ciclo de renacimientos (*saṃsāra*). En este sutta, la mención del reino de los Treinta y Tres por parte de Jālinī ilustra el contraste entre los placeres celestiales, que aunque duraderos son temporales, y la liberación permanente (*nibbāna*) que buscan los practicantes budistas.

Las doncellas divinas están en un estado lamentable,
atascadas en su propia identidad.
Y esos seres también están en un estado lamentable,
apegados a las doncellas divinas.

[Jalini replicó:]

¡No conocen el placer
quienes no ven el Jardín de las Delicias!
¡Es la morada de los dioses señoriales,
la hueste gloriosa de los Treinta!

[Anuruddha respondió:]

Tonta, ¿no entiendes
el dicho de los perfeccionados?
Todas las condiciones son impermanentes,
su naturaleza es surgir y caer;
habiendo surgido, cesan;
la quietud es la verdadera dicha.

Jalini, tejedora de la red,
ya no tendré más vidas futuras
en compañía de los dioses.
La transmigración a través de los nacimientos ha terminado,
ya no hay más existencia.[15]

---

15 La declaración final de Anuruddha constituye una proclamación de *ara-hantship* (el logro del despertar completo). Su rechazo a renacer entre los Treinta y Tres y su afirmación "ya no hay más existencia" (*natthi dāni punabbhavo*) son fórmulas tradicionales que indican el logro de la liberación final. Esta declaración contiene varios niveles de significado doctrinal: (1) implica que Anuruddha ha erradicado todo deseo por existencias futuras, incluso en reinos celestiales; (2) confirma que ha cortado completamente los diez grilletes (*dasa saṃyojana*) que atan a los seres al ciclo de renacimientos; (3) indica que ha realizado el *nibbāna*,

7

CON NĀGADATTA

En cierta ocasión, el Venerable Nāgadatta moraba en la tierra de los Kosalans, bajo la arboleda de un bosque. Ahora bien, en aquel tiempo el Venerable Nāgadatta había estado entrando en la aldea demasiado temprano y regresando tarde en el día. Entonces las deidades que moraban aquel bosque sintieron compasión por Nāgadatta, deseando lo mejor para él. Así que se acercaron a él queriendo estimularlo, y le recitaron estos versos:

Entrando muy temprano
y volviendo después de demorar demasiado en el día,
Nāgadatta socializa con los laicos,
compartiendo sus alegrías y penas.

Tememos por Nāgadatta;
es imprudente en su apego a las familias.

---

donde cesa toda forma de devenir (*bhava*). Es significativo que esta declaración se haga ante una deidad que le ofrece placeres celestiales, subrayando el contraste entre los logros mundanos, por sublimes que sean, y la liberación definitiva que busca el budismo. El uso del término "tejedora de la red" (*jālinī*) para dirigirse a la deidad es también significativo, pues alude a la "red" del deseo y el apego que mantiene a los seres atrapados en el saṃsāra.

Que no caiga bajo el poder del Rey de la Muerte,
bajo el dominio del Aniquilador.

Conmovido por aquellos espíritus, el venerable Nāgadatta volvió en sí.

8

LA SEÑORA DE LA CASA

En cierta ocasión, uno de los monjes se encontraba en la tierra de los kosalanos, en uno de sus bosques. En aquella época, el monje se había involucrado demasiado en los asuntos de cierta familia. La deidad que moraba el bosque se compadeció del monje, deseando lo mejor para él. Así que, queriendo conmoverlo, se manifestó con la apariencia de la dueña de aquella familia, se acercó al monje y se dirigió a él en verso:

En las orillas de los ríos y en las casas de huéspedes,
en las salas de reunión y en las carreteras,
la gente se reúne y cotillea:
¿qué hay entre tú y yo?

[El monje respondió:]

Hay muchos sonidos molestos
que un asceta austero debe soportar.
Pero no deben asustarse por ello,
pues no es eso lo que te contamina.

Si te sobresaltas con cada pequeño sonido,
como un ciervo en el bosque,
te llamarán 'mente huidiza';
y tu práctica no tendrá éxito.

9

UN VAJJIAN[16]

En cierta época, cierto monje Vajjian moraba cerca de Vesālī, en uno de sus bosques. Ahora bien, en ese momento los Vajjian estaban celebrando un evento que duraba toda la noche en Vesālī. Entonces aquel monje, gimiendo por el ruido de los instrumentos musicales que se golpeaban y tocaban, recitó este verso:

Moramos solos en el desierto
como un tronco abandonado en el bosque.
En una noche como ésta
¿quién está peor que yo?

---

16 Los Vajjian (pali: *Vajji*) eran una confederación tribal que gobernaba uno de los principales estados (*mahājanapada*) de la India antigua, con capital en Vesālī (actual Basarh, Bihar). A diferencia de las monarquías vecinas como Magadha y Kosala, los Vajjian mantenían un sistema republicano de gobierno (*gaṇa-saṇgha*). Su territorio se extendía al norte del Ganges, en la actual región de Bihar. En los textos budistas, los Vajjian son especialmente significativos porque el Buda expresó su admiración por su sistema de gobierno consultivo y porque Vesālī fue un importante centro para la difusión del budismo temprano. El término "monje Vajjian" indica un monje originario de esta región, aspecto relevante en este sutta que contrasta la vida ascética con las celebraciones tradicionales de Vesālī.

La deidad que moraba aquel bosque se compadeció de aquel monje y quiso lo mejor para él. Así que se acercó a él queriendo conmoverlo, y le habló en verso:

Moras solo en el desierto,
como un tronco abandonado en el bosque.
Mucha gente te tiene envidia,
como los seres que, en el infierno,
envidian a los que van al cielo.

Conmovido por aquella deidad, aquel monje recuperó el sentido.

10

RECITACIÓN

En cierta ocasión, uno de los monjes moraba en la tierra de los kosalanos, en uno de sus bosques. En ese momento, ese monje había pasado demasiado tiempo recitando[17]. Pero algún tiempo después se adhirió a la pasividad y al silencio. Al no escuchar la enseñanza, la deidad que rondaba aquel bosque se acercó a aquel monje, y se dirigió a él en verso:

Monje, ¿por qué no recitas pasajes de la enseñanza,
conviviendo con otros monjes?
Cuando oyes la enseñanza crece la confianza;
y el recitador es alabado en la vida presente.

---

17 La "recitación" (en pali: *sajjhāya*) era una práctica fundamental en el budismo primitivo para la preservación y transmisión oral de las enseñanzas (*dhamma*). Como los textos no estaban escritos, los monjes memorizaban y recitaban regularmente los discursos del Buda y otros textos doctrinales. Esta práctica tenía múltiples funciones: (1) preservar las enseñanzas, (2) desarrollar la comprensión a través de la repetición contemplativa, y (3) compartir el dhamma con otros. En este sutta, el contraste entre el periodo inicial de recitación activa y el posterior silencio del monje genera preocupación en la deidad. Sin embargo, la respuesta del monje indica una evolución espiritual: ha pasado de la práctica preparatoria de memorización y recitación al logro directo del "desapasionamiento" (*virāga*), sugiriendo que ha alcanzado un nivel profundo de realización donde la práctica formal de recitación ya no es necesaria.

[El monje respondió:]

Antes me entusiasmaban los pasajes de la enseñanza,
cuando aún no había realizado el desapasionamiento.
Pero ya realicé el desapasionamiento,
que los buenos llaman "poner la comprensión en reposo,
completamente, todo lo que se ve, se oye y se piensa."

11

PENSAMIENTOS INÚTILES

En cierta ocasión, uno de los monjes moraba en la tierra de los kosalanos, en uno de sus bosques. Ahora bien, en ese momento, ese monje, durante su meditación del día, estaba teniendo pensamientos malos, sin utilidad, es decir: pensamientos sensuales, maliciosos y crueles. La deidad que rondaba aquel bosque tuvo compasión de aquel monje, y quiso lo mejor para él. Así que se acercó a él queriendo conmoverlo, y se dirigió a él en verso:

Debido a una atención inadecuada,
te consumen tus pensamientos.
Cuando hayas abandonado la inconsciencia,
procura que tus pensamientos sean conscientes.

Pensando en el Maestro, en la enseñanza,
en la Saṅgha y en tu propia ética, encontrarás alegría,
y también arrobamiento y dicha, sin duda.
Y cuando estés lleno de alegría, pondrás fin al sufrimiento.

Conmovido por aquella deidad, aquel monje volvió en sí.

12

MEDIODÍA

En cierta ocasión, uno de los monjes se encontraba en la tierra de los kosalanos, en uno de sus bosques. La deidad que moraba allí se acercó a ese monje y recitó este verso en su presencia:

En la calma del mediodía,
cuando los pájaros se han posado,
la formidable selva susurra para sí misma:
¡eso me parece tan aterrador!

[El monje respondió:]

En la calma del mediodía,
cuando los pájaros se han calmado,
la formidable jungla se susurra a sí misma:
¡eso me parece tan delicioso!

13

FACULTADES INDISCIPLINADAS

En aquel tiempo, varios monjes moraban en las tierras de Kosala, en uno de sus bosques. Eran inquietos, insolentes, volubles, chismosos, de lengua suelta, inconscientes, carentes de conciencia de la situación y de inmersión[18], con mentes extraviadas y facultades indisciplinadas. La deidad que rondaba por aquel bosque sentía

---

18 "Inmersión" traduce aquí el término pali "samādhi", un concepto fundamental en la práctica budista que denota un estado de concentración mental profunda y sostenida. La falta de samādhi mencionada en el sutta indica que estos monjes carecían de la disciplina mental necesaria para la práctica contemplativa seria. El samādhi está íntimamente relacionado con los jhānas, estados progresivamente más refinados de absorción meditativa. Tradicionalmente se describen ocho jhānas: cuatro materiales y cuatro inmateriales, cada uno caracterizado por factores mentales específicos y niveles más profundos de concentración. La falta de samādhi implica la incapacidad de acceder a estos estados meditativos profundos. El texto describe a estos monjes como "inquietos, insolentes, volubles, chismosos, de lengua suelta, inconscientes, carentes de conciencia de la situación y de inmersión", presentando un catálogo de faltas que contrastan con el ideal monástico. El samādhi es uno de los tres entrenamientos básicos del budismo (junto con la ética y la sabiduría) y su ausencia se considera una seria deficiencia en la vida monástica. Esta referencia específica a la falta de inmersión señala no solo la ausencia de concentración meditativa formal y acceso a los jhānas, sino también un estado general de dispersión mental que impide el progreso espiritual. Recomendamos la lectura del libro *La consciencia jhāna: la meditación en la era de la neurociencia*, de Paul Dennison (Cántico, 2024).

compasión por aquellos monjes y quería lo mejor para ellos. Así que se acercó a ellos conmoverlos, y se dirigió a ellos en verso:

Los monjes solían vivir felices,
como discípulos de Gautama.
Sin deseos buscaban limosna;
sin deseos utilizaban sus moradas.
Sabiendo que el mundo era impermanente
acabaron con el sufrimiento.

Pero ahora se han hecho difíciles de cuidar,
como los jefes de una aldea.
Comen y comen y luego se acuestan,
inconscientes, en las casas de otros.

Habiendo levantado mis palmas unidas a la Saṅgha,
hablo aquí sólo de ciertas personas.
Son rechazados, sin protector,
como aquellos que han fallecido.

Estoy hablando de aquellos que viven con negligencia.
A los que viven diligentemente les rindo homenaje.

Conmovidos por aquella deidad, aquellos monjes volvieron en sí.

14

EL LADRÓN DE AROMAS

En cierta ocasión, uno de los monjes moraba en la tierra de los kosalanos, en uno de sus bosques. En aquel tiempo, después de la comida, a su regreso de la ronda de limosnas, aquel monje se zambulló en un estanque de lotos y olfateó un loto rosa. La deidad que rondaba por aquel bosque sintió compasión por aquel monje y quiso lo mejor para él. Así que se acercó a él con la intención de conmoverle, y se dirigió a él en verso:

Esta flor de agua no ha sido dada.
Cuando la hueles, de alguna manera estás cometiendo un robo.
Buen señor, ¡eres un ladrón de aromas!

[El monje respondió:]

Yo no me llevo nada, ni rompo nada;
huelo la flor de agua desde lejos.
Entonces, ¿en base a qué pruebas
me llamas ladrón de aromas?

¿Por qué no acusas a alguien que hace tal vandalismo
como desenterrar las raíces
o romper las flores?

[La deidad respondió:]

No tengo nada que decir
a una persona que es un burdo vándalo,
sucio como un pañal usado.
Es a ti a quien merece que le hable.

Para el hombre con un historial intachable
que siempre busca la pureza,
incluso un pelo de maldad
parece tan grande como una nube.

[El monje respondió:]

En efecto, oh espíritu,
tú me comprendes y empatizas conmigo.
Por favor, vuelve a hablarme
siempre que veas algo así.

[La deidad respondió:]

No dependo de ti, ni soy tu siervo.
Tú mismo deberías saber, monje,
el camino que lleva a buen puerto.

Conmovido por aquella deidad, aquel monje volvió en sí.

LOS DISCURSOS ENLAZADOS
EN EL BOSQUE HAN CONCLUIDO

YAKKHA SAMYUTTA

El *Yakkha Saṃyutta* ("Discursos enlazados con espíritus") presenta una colección notable de 12 suttas que documentan los encuentros entre el Buda —y en un caso el monje Anuruddha— con los yakkhas, deidades terrestres de la mitología india. Esta colección es particularmente significativa porque ilustra la capacidad del budismo temprano para integrar y reinterpretar elementos de la religiosidad popular india dentro de su marco doctrinal.

La estructura del Saṃyutta puede organizarse en tres grupos temáticos principales. El primer grupo (suttas 1-4) presenta encuentros que exploran cuestiones doctrinales fundamentales. Comienza con preguntas sobre la naturaleza del cuerpo y el renacimiento, avanza hacia discusiones sobre la liberación y la compasión, y culmina con una exploración del origen del sufrimiento y el deseo.

El segundo grupo (suttas 5-7) se centra en la relación entre los yakkhas y la práctica budista, con un énfasis particular en la dimensión familiar y doméstica. Estos suttas son notables por su representación de espíritus femeninos (*yakkhinis*) como madres protectoras que muestran una profunda comprensión y aprecio por las enseñanzas budistas.

El tercer grupo (suttas 8-12) presenta encuentros más dramáticos que ilustran la transformación de energías potencialmente hostiles en oportunidades para la enseñanza. El sutta final, que narra el encuentro con Ālavaka, es particularmente significativo como ejemplo de cómo el Buda transforma una confrontación potencialmente violenta en un diálogo doctrinal profundo.

Conceptualmente, el *Yakkha Saṃyutta* desarrolla varios temas centrales:

1. La universalidad del Dhamma, que trasciende la división entre lo humano y lo sobrenatural

2. La transformación de la energía agresiva en energía espiritual

3. La importancia de la fe (*saddhā*) como punto de entrada a la práctica

4. La relación entre la práctica espiritual y la vida familiar/ doméstica

5. El poder de la verdad (*sacca*) para superar la hostilidad

Lo que hace especialmente valioso este Saṃyutta es su presentación de los yakkhas no como seres uniformemente malevolentes, sino como entidades complejas capaces de comprensión y transformación espiritual. A diferencia de textos budistas posteriores que tienden a demonizar a los yakkhas, esta colección temprana los presenta como seres que, aunque potencialmente peligrosos, son receptivos a las enseñanzas budistas y capaces de conversión.

También es notable cómo estos suttas integran elementos de la religiosidad popular india sin comprometer los principios budistas fundamentales. Los yakkhas, tradicionalmente objetos de culto y superstición, son presentados aquí como seres que ellos mismos necesitan y pueden beneficiarse de las enseñanzas budistas, ilustrando así la capacidad del budismo temprano para reinterpretar las creencias populares dentro de su marco doctrinal.

1

CON INDAKA

Así lo he oído. En cierta ocasión, el Buda se encontraba cerca de Rājagaha, en el Pico de Indra, la guarida del espíritu nativo Indaka. Entonces el espíritu nativo Indaka se acercó al Buda, y se dirigió a él en verso:

Los Budas dicen que la forma no es el alma.
Entonces, ¿cómo se manifiesta este cuerpo?
¿De dónde vienen los huesos y el hígado?
¿Y cómo se aferra uno en el vientre materno?

[El Buda le respondió:]

Primero hay una gota de sangre;
de ahí aparece un pequeño brote;
después se convierte en un trozo de carne;
que produce una hinchazón.
De esa hinchazón aparecen los miembros,
el pelo de la cabeza, el del cuerpo y los dientes.

Y todo lo que la madre come,
la comida y la bebida que consume
les nutre allí: la persona en el vientre de la madre.

2

CON UN ESPÍRITU LLAMADO SAKKA

En cierta ocasión, el Buda moraba cerca de Rājagaha, en la montaña del Pico del Buitre. Entonces un espíritu llamado Sakka se acercó al Bienaventurado, y se dirigió a él en verso:

Has renunciado a todas las ataduras y estás totalmente liberado.
No es buena idea que tú, asceta, instruyas a otros.

[El Buda respondió:]

No importa cuál sea la razón aparente
por la que la gente está reunida, Sakka.
Es indigno para una persona sabia
no pensar en el otro con compasión.

Si instruyes a los demás con una mente clara y confiada
tu compasión y empatía no causan apegos.

3

CON SPIKY

En cierta ocasión, Buda moraba cerca de Gayā, en el saliente de piedra cortada, en la guarida de Spiky, el espíritu nativo. En aquel momento, los espíritus nativos Shaggy y Spiky pasaban cerca del Victorioso. Entonces Shaggy le dijo a Spiky:

—*Ese es un asceta.*

[Spiky replicó:]

—*¡Ese no es un asceta, es un farsante!*
Pronto averiguaré si es un asceta o un farsante.

Entonces Spiky se acercó al Buda y se apoyó en su cuerpo, pero el Buda retrocedió. Entonces Spiky dijo al Buda:

—*¿Tienes miedo, asceta?*

—*No, señor, no tengo miedo. Pero tu tacto es malo.*

—*Te haré una pregunta, asceta. Si no me contestas, te volveré loco, o te explotará el corazón, o te agarraré por los pies y te arrojaré a la lejana orilla del Ganges.*

[El Buda respondió:]

—*No veo a nadie en este mundo con sus dioses, Māras y Brahmās, esta población con sus ascetas y brahmanes, sus dioses y humanos que pueda hacerme eso.*
Pero, en fin, pregunta lo que quieras.

[Spiky preguntó:]

—*¿De dónde vienen la codicia y el odio?*
¿De dónde surgen el descontento, el deseo y el terror?
¿Dónde se originan los pensamientos de la mente,
como un cuervo soltado por los muchachos.

[El Buda respondió:]

—*De aquí provienen la codicia y el odio;*
de aquí brotan el descontento, el deseo y el terror;
aquí es donde se originan los pensamientos de la mente,
como un cuervo soltado por los muchachos.

Nacidos del afecto, originados en uno mismo,
como los brotes del tronco de un baniano;
los muchos tipos de apego a los placeres sensuales
son como enredaderas de pata de camello[19] ensartadas en el bosque.

---

19   La "enredadera de pata de camello" (en pali: *kacchapūta-latā*) es probablemente la Bauhinia vahlii, una planta trepadora vigorosa común en los bosques del subcontinente indio. Se caracteriza por sus enormes hojas bilobuladas que recuerdan la forma de una pezuña de camello y por su naturaleza invasiva, capaz de cubrir completamente los árboles sobre los que crece. En este verso, se utiliza como símil para ilustrar cómo los apegos sensoriales pueden "enredarse" y "asfixiar" el desarrollo espiritual, de manera similar a como esta planta envuelve y puede llegar a sofocar los árboles del bosque. El símil es particularmente efectivo porque combina la imagen de la forma de la hoja (que sugiere la huella o pata del camello) con el comportamiento invasivo y envolvente de la planta.

Quienes comprenden de dónde proceden se deshacen de ellos:
¡escucha, espíritu!
Ellos cruzan este torrente tan difícil de cruzar
no cruzado antes, para no renacer.

4

CON MANIBHADDA

En cierta ocasión, el Buda se encontraba en la tierra de los Magadhans, en el santuario del árbol Manimālika, morada del espíritu nativo Manibhadda. Entonces el espíritu nativo Manibhadda se acercó al Buda y recitó este verso en presencia del Buda:

Siempre es auspiciosa la atención plena;
la atención plena prospera en la felicidad.
Cada nuevo día es mejor para los conscientes,
y se liberan de la enemistad.

[El Buda respondió:]

Siempre es auspiciosa la plena consciencia;
La plena consciencia prospera en felicidad.
Cada nuevo día es mejor para los que viven con atención plena,
pero no se liberan de la enemistad.

Pero alguien cuya mente se deleita en la inofensividad,
todo el día y toda la noche, con amor por todas las criaturas vivientes,
no tiene enemistad por nadie.»

5

CON SĀNU

En cierta ocasión, el Buda moraba cerca de Sāvatthī, en la Arboleda de Jeta, el monasterio de Anāthapindika. Ahora bien, en aquel tiempo cierta mujer laica tenía un hijo llamado Sānu que había sido poseído por un espíritu nativo. Y como aquella mujer laica lloraba, en aquella ocasión recitó estos versos:

He oído esto de los perfeccionados.
Los espíritus nativos no se meterán con nadie
que viva la vida espiritual observando el sabbat[20] completo
en sus ocho factores en los días catorce y quince,
y en el octavo día de la quincena,

---

20 El "sabbat" traduce aquí el término pali "uposatha", un día de observancia religiosa en el calendario lunar budista. Los días uposatha ocurren en las fases lunares principales: luna llena, luna nueva y cuartos creciente y menguante. En estos días, los practicantes laicos tradicionalmente observan ocho preceptos (*aṭṭhaṅga-uposatha*) en lugar de los cinco habituales, dedican más tiempo a la práctica espiritual y escuchan enseñanzas del Dhamma. Las fechas mencionadas en el texto ("los días catorce y quince, y en el octavo día de la quincena") se refieren a días específicos del calendario lunar. El día quince corresponde a la luna llena, mientras que el día catorce y el octavo son días preparatorios para las principales observancias. La "quincena de exhibiciones especiales" (*pāṭihāriyapakkha*) se refiere a períodos especiales del año donde se intensifica la práctica religiosa. La observancia del uposatha se considera especialmente protectora contra influencias negativas, como se evidencia en este sutta.

así como en la quincena de exhibiciones especiales.
Pero ahora veo espíritus nativos jugando con Sānu.

[El Buda respondió:]

Lo que has oído decir a los perfeccionados es cierto.
Los espíritus nativos no se meterán con nadie
que viva la vida espiritual observando el sabbat completo
en los ocho factores los días catorce y quince,
y el octavo día de la quincena,
así como en la quincena de exhibiciones especiales.

Cuando Sānu recupere la conciencia
dile este conjuro a los espíritus nativos:

«No cometas malas acciones ni abiertamente ni en secreto.
Si haces una mala acción, o la estás haciendo ahora,
no te librarás del sufrimiento, aunque vueles y huyas.»

[El hijo Sānu respondió:]

Mamá, lloran por los muertos
o por uno que está vivo, pero ha desaparecido.
Yo estoy vivo y puedes verme,
así que mamá, ¿por qué lloras por mí?

[La madre de Sānu respondió:]

Hijo, lloran por los muertos
o por alguien que está vivo, pero ha desaparecido.
Pero alguien que ha renunciado a la vida del hogar
y retorna a los placeres sensuales

también se llora por él,
porque, aunque vive, en realidad está muerto.

Querido, has sido rescatado de las brasas,
¡y quieres volver a sumergirte en ellas!
Querido, has sido rescatado del infierno,
¡y quieres volver a sumergirte en él!

Sigue adelante, es lo mejor para ti.
¿A quién tengo que suplicar?
Cuando tus cosas se han salvado de un incendio,
¿quieres que vuelvan a quemarse?

6

CON PIYAŊKARA

En cierta ocasión el Venerable Sāriputta se alojaba cerca de Sāvatthī, en la Arboleda de Jeta, en el monasterio de Anāthapindika. En aquel momento el Venerable Anuruddha se levantó al amanecer y recitó pasajes de la enseñanza. Entonces el espíritu nativo de la Madre de Piyaṅkara calmó a su pequeño hijo, diciendo:

¡No hagas ruido, Piyaṅkara!
Un monje recita pasajes de la enseñanza.
Cuando entendemos un pasaje,
podemos practicar para nuestro bienestar.

Guardémonos de dañar a las criaturas vivientes,
y no digamos palabras mentirosas.
Debemos entrenarnos bien en la ética,
y con suerte seremos liberados del reino de los duendes.

7

CON PUNABBASU

En cierta época, el Buda moraba cerca de Sāvatthī, en la Arboleda de Jeta, en el monasterio de Anāthapindika. Ahora bien, en ese momento el Bienaventurado estaba educando, animando, encendiendo e inspirando a los monjes con una enseñanza del Dhamma sobre la extinción. Y los monjes estaban prestando atención, enfocándose, concentrándose de todo corazón y escuchando bien. Entonces la Madre del espíritu nativo Punabbasu calmó a sus pequeños hijos, diciendo:

¡Silencio, pequeño Uttarā! ¡Calla, Punabbasu!
Porque quiero escuchar la enseñanza del Maestro,
el Buda supremo.

Desde que el Bendito habló de la extinción,
la liberación de todas las ataduras,
tengo un amor perdurable por esta enseñanza.

En este mundo, tu propio hijo es querido;
en este mundo, tu propio marido es querido;
pero aún mayor que eso es mi amor
por la búsqueda de esta enseñanza.

Porque ni el hijo ni el marido,
por muy queridos que sean,
pueden liberarte del sufrimiento;
como escuchar la verdadera enseñanza
que libera a los seres vivos del sufrimiento.

En este mundo sumido en el sufrimiento,
encadenado por la vejez y la muerte,
quiero escuchar la enseñanza a la que el Buda despertó,
que te libera de la vejez y la muerte.
Así que cállate, Punabbasu.

[Su hijo Punabbasu respondió:]

Mamá, no hablo, y Uttarā también calla.
Presta atención sólo a la enseñanza,
pues es agradable escuchar la verdadera enseñanza.
Y es porque no hemos entendido la enseñanza
por lo que hemos vivido sufriendo, mamá.

Para los que están perdidos, dioses y humanos,
él hace brillar una luz.
El Buda, que porta su último cuerpo,
el Vidente, enseña el Dhamma.

[La madre respondió:]

¡Es bueno que mi hijo sea tan astuto,
este niño que parí y amamanté!
Mi hijo ama la enseñanza pura del Buda supremo.

¡Punabbasu, que seas feliz! Hoy, me levanto.
Escúchame también, Uttarā:
¡He visto las nobles verdades!

8

CON SUDATTA

En cierta ocasión, el Buda moraba cerca de Rājagaha, en la Arboleda Fresca. Por aquel entonces, el padre de familia Anāthapindika había llegado a Rājagaha por negocios. Oyó el rumor de que había surgido un Buda en el mundo. Inmediatamente quiso ir a ver al Buda, pero pensó:

«Es demasiado tarde para ir a ver al Buda hoy. Iré a verlo mañana.»

Se acostó pensando en Buda. Durante la noche se levantó tres veces pensando que era por la mañana. Entonces se acercó a la Puerta Sivaka, y unos seres no humanos se la abrieron. Pero cuando salía de la ciudad, la luz se desvaneció y le aparecieron las tinieblas. Sintió miedo, terror y se le puso la piel de gallina, y quiso dar media vuelta. Entonces el espíritu invisible Sivaka le gritó:

Cien elefantes, cien caballos, cien carros tirados por mulas,
cien mil doncellas adornadas con joyas y pendientes:
¡no valen ni la dieciseisava parte de una sola zancada!

¡Adelante, amo de casa! ¡Adelante, dueño de casa!
Avanzar es mejor para ti, no retroceder.

Entonces la oscuridad se desvaneció y la luz apareció ante Anāthapindika. Su miedo, su terror y su piel de gallina se calmaron. Pero por segunda vez, la luz se desvaneció y le apareció la oscuridad.
Por segunda vez, el espíritu invisible Sivaka gritó:

¡Ir hacia adelante es mejor para ti, no retrocedas!

Entonces la oscuridad desapareció y la luz apareció ante Anāthapindika. Su miedo, su terror y su piel de gallina se calmaron. Pero por tercera vez, la luz se desvaneció y le apareció la oscuridad.
Por tercera vez, el espíritu invisible Sivaka gritó:

¡Ir hacia adelante es mejor para ti, no retrocedas!»

Entonces la oscuridad se desvaneció y la luz apareció ante Anāthapindika. Su miedo, su terror y su piel de gallina se calmaron. Entonces el amo de casa Anāthapindika fue a la Arboleda Fresca y se acercó al Buda.

En aquel momento el Buda se había levantado al amanecer y caminaba meditando al aire libre. Vio que Anāthapindika se acercaba desde la distancia. Así que bajó del sendero para caminar, se sentó en el asiento extendido y le dijo a Anāthapindika:

—*Ven, Sudatta.*

Entonces Anāthapindika pensó:

«¡*El Buda ha pronunciado mi nombre!*»

Sonriente y alegre, inclinó la cabeza a los pies del Buda, le rindió homenaje y le dijo:

—*Señor, confío en que el Buda haya dormido bien.*

[El Buda respondió:]

—*Un brahmán que se ha extinguido por completo*
siempre duerme bien.
Los placeres sensuales resbalan de ellos,
permanecen frescos, libres de apegos.

Ya que han cortado todo aferramiento,
y eliminado la tensión del corazón,
los pacíficos duermen bien,
permaneciendo en la paz mental.

9

CON LA MONJA SUKKĀ

1ª PARTE

En cierta ocasión, el Buda moraba cerca de Rājagaha, en la Arboleda de Bambú, lugar de alimentación de las ardillas. Ahora bien, en aquel momento la monja Sukkā estaba enseñando el Dhamma, rodeada de una gran asamblea. Entonces un espíritu nativo era tan devoto de Sukkā que fue de calle en calle y de plaza en plaza, y en aquella ocasión recitó estos versos:

¿Qué le pasa a esta gente de Rājagaha?
¡Duermen como si hubieran estado bebiendo hidromiel!
No atienden a Sukkā
que está enseñando el estado sin muerte.

Pero los sabios, es como si se lo bebieran,
tan irresistible, delicioso y nutritivo,
como viajeros disfrutando de una nube fresca.

10

CON LA MONJA SUKKĀ

2ª PARTE

En cierta ocasión, el Buda moraba cerca de Rājagaha, en la Arboleda de Bambú, lugar de alimentación de las ardillas. En aquel tiempo cierto seguidor laico dio de comer a la monja Sukkā. Entonces un espíritu nativo era tan devoto de Sukkā que fue de calle en calle y de plaza en plaza, y en aquella ocasión recitó estos versos:

¡Oh! ¡Ha hecho tantos méritos!
Ese seguidor laico es muy sabio.
Acaba de dar de comer a Sukkā,
que se ha liberado de todas las ataduras.

11

CON LA MONJA CĪRĀ

Así lo he oído. En cierta ocasión, el Buda moraba cerca de Rājagaha, en la Arboleda de Bambú, el comedero de las ardillas. Ahora bien, en aquel tiempo cierto seguidor laico dio una túnica a la monja Cīrā. Entonces un espíritu nativo era tan devoto de Cīrā que fue de calle en calle y de plaza en plaza, y en aquella ocasión recitó estos versos:

¡Oh! ¡Él ha hecho tantos méritos!
Ese seguidor laico es muy sabio.
Le dio una túnica a Cīrā,
que ha sido liberado de todas las ataduras.

12

CON ĀLAVAKA

Así lo he oído. En cierta ocasión, el Buda se encontraba cerca de Ālavī, en la guarida del espíritu nativo Ālavaka. Entonces el espíritu nativo Ālavaka se acercó al Buda y le dijo:

—*¡Sal fuera, asceta!*

Diciendo: —*De acuerdo, señor* —el Buda salió.

—*¡Entra dentro, asceta!*

Diciendo: —*De acuerdo, señor* —el Buda entró.

Y por segunda vez el espíritu nativo Ālavaka le dijo al Buda:

—*¡Sal fuera, asceta!*

Diciendo: —*Está bien, señor* —el Buda salió.

—*¡Entra dentro, asceta!*

Diciendo: —*De acuerdo, señor* —el Buda entró.

Y por tercera vez el espíritu nativo Ālavaka le dijo al Buda:

—*¡Sal fuera, asceta!*

Diciendo: —*Está bien, señor* —el Buda salió.

—*¡Entra dentro, asceta!*

Diciendo: —*De acuerdo, señor* —el Buda entró.

Y por cuarta vez el espíritu nativo Ālavaka le dijo al Buda:

—*¡Sal fuera, asceta!*

[El Buda respondió:]

—*No, señor, no saldré. Haz lo que tengas que hacer.*

[El espíritu Ālavaka dijo:]

Te haré una pregunta, asceta.
Si no me contestas, ¡te volveré loco,
o te explotaré el corazón,
o te agarraré por los pies
y te arrojaré a la lejana orilla del Ganges!

[El Buda respondió:]

—*No veo a nadie en este mundo con sus dioses,*
Māras y Brahmās, esta población con sus ascetas y brahmanes,
sus dioses y humanos que pueda hacerme eso.
Pero, de todos modos, pregunta lo que desees.

[El espíritu Ālavaka preguntó:]

—*¿Cuál es la mejor riqueza de una persona?*
¿Qué trae la felicidad cuando se practica bien?
¿Cuál es el sabor más dulce de todos?
Aquel del que dicen que tiene la mejor vida: ¿cómo vive?

[El Buda respondió:]

—*Aquí la fe es la mejor riqueza de una persona.*
La enseñanza trae felicidad cuando se practica bien.
La verdad es el sabor más dulce de todos.
Aquel del que dicen que tiene la mejor vida vive de la sabiduría.

[El espíritu Ālavaka siguió preguntando:]

—*¿Cómo se cruza las aguas crecidas?*
¿Cómo se cruza el diluvio?
¿Cómo se supera el sufrimiento?
¿Cómo te puedes purificar?

[El Buda respondió:]

—*Por la fe se cruzan las aguas crecidas*
y por la diligencia se salva del diluvio.
Por la energía superas el sufrimiento
y por la sabiduría te purificas.

[El espíritu Ālavaka siguió preguntando:]

—*¿Cómo consigues la sabiduría?*
¿Cómo se consigue la riqueza?
¿Cómo consigues una buena reputación?

¿Cómo conservas a los amigos?
Cuando pasas de este mundo al otro,
¿cómo no te entristeces?

[El Buda respondió:]

—*Quien es diligente y perspicaz*
adquiere sabiduría queriendo aprender
teniendo fe en los perfeccionados,
y en la enseñanza para lograr extinguirse.

Siendo responsable, actuando adecuadamente
y trabajando duro ganas riqueza.
La veracidad te hace ganar una buena reputación.
Conservas a los amigos dando.
Cuando pasas así de este mundo al otro,
no habrá motivos para la tristeza.

Un amo de casa fiel
que tiene estas cuatro cualidades
no se entristece después de la muerte:
verdad, principios, constancia y generosidad.

Adelante, pregunta también a otros,
hay muchos ascetas y brahmanes.
A ver si se encuentra algo mejor
que la verdad, el autocontrol, la generosidad y la paciencia.

[El espíritu Ālavaka respondió con convicción:]

—*¿Por qué ahora cuestionaría*
a los muchos ascetas y brahmanes?

*Hoy comprendo
lo que es bueno para la próxima vida.*

*Fue verdaderamente por mi bien
que el Buda vino a quedarse en Ālavī.
Hoy comprendo
donde un regalo es muy fructífero.*

*Yo mismo viajaré
de pueblo en pueblo, de ciudad en ciudad,
rindiendo homenaje al Buda,
y a la excelencia natural de la enseñanza.»*

LOS DISCURSOS ENLAZADOS
CON LOS ESPÍRITUS NATIVOS HAN CONCLUIDO

ÍNDICE

El libro budista de Vaṅgīsa,
el bosque y los espíritus
compuesto con tipos Montserrat
en créditos y portadillas, y DGP
en el resto de las tripas,
maquetado bajo el cuidado de Daniel Vera,
habiéndose encargado de la revisión
ortotipográfica y la corrección de galeradas
los traductores y con la conformidad
de Raúl Alonso como editor
de mesa de la obra,
se terminó de imprimir
el 28 de febrero de 2025,
ese mismo día del año 2013
el Papa Benedicto XVI renuncia al
pontificado siendo el primer pontífice en
hacerlo en la era contemporánea y el cuarto en
la Historia de la Iglesia Católica.

LAUS DEO